cambio 16

HISTORIAS DE PEPE CARVALHO

MANUEL VAZQUEZ MONTALBAN

JORDI ANFRUNS, SOCIOLOGO

Hermanos García Noblejas, 41. 28037 Madrid.
I.S.B.N.: 84-7679-018-X
Depósito legal: B-28260-1986
Impresión: printer industria gráfica, sa
c.n. II, cuatro caminos, s/n
08620 sant vicenç dels horts barcelona 1986

Portada: Carchenilla/Carderot

Veintipocos años. Rubia rizada la melena como retaguardia de un cuerpo blanco, pretextado por una tanga de oro, un casquillo dorado cubre cada pezón. Baila sobre el podium bajo la revelación de un chorro de luz lechosa o se columpia sobre la cabeza de los pobladores de la discoteca mereciendo la indiferencia del ruido total o las miradas del público en busca de la adivinable herida tierna del sexo. Sonrisa perenne, que no se desploma cuando deja de ejercer y picotea sobre sus altos tacones abriéndose paso entre la masa de pobladores de las catacumbas del rock.

—Montse, hija, pareces una batidora.

Le saluda un travestí pintarrajeado de azulete y ella guiña los ojos y repite los movimientos de baile mientras dice mediante grititos:

—¡Me muevo! ¡Me muevo!

Una palabra aquí, una mirada insinuante allá, cuchicheos en la orejita que ella rescata de su lecho de melena con un gesto de desvelamento.

—¡Me muevo! ¡Me muevo!

Insiste Montse y sigue su paseo hasta la barra donde el barman le ha preparado un vaso de agua.

—¿Sólo agua?

Se lo ha dicho un hombre destartalado, delgado, moreno, ojos oscuros pero no tanto como sus ojeras, cabello negro peinado violentamente hacia atrás como el de un condottiero de entre guerras, cabello con caspa, caspa sobre los hombros, luto en las poderosas uñas largas que ultiman unas manos de profeta. Y a pesar de la amenazante aparición, Montse sigue sonriendo y gritando.

—¡Me muevo! ¡Me muevo!

—Bebe. Bebe agua. Purifícate por dentro mientras sigues siendo impura por fuera.

El místico le tiende una tarjeta y da una drástica vuelta sobre sí mismo mientras se abre paso entre la multitud. La gogo girl apura su vaso de agua y vuelve a atravesar la masa entre comentarios, salpicando sonrisas, estableciendo la imagen de su rostro riente cuando recupera la peana, el movimiento y el que parece ser el lema de su vida.

—¡Me muevo! ¡Me muevo!

Luego le pide el micro al presentador.

—Respetable público, me han encargado que les diga que en la sala está nada más y nada menos que... ¡Jorge Anfruns, sociólogo! Un aplauso para el sociólogo.

La mano de la gogo girl señala la marcha huidiza de Anfrúns perseguido por la curiosidad de las miradas. El presentador coge por el talle a Montse sin abandonar la sonrisa pública, pero hay dureza en el abrazo y en la voz queda que le martillea el oído: Niña, estás pirada, apártate antes de que se dé cuenta el dueño. Montse abandona el escenario entre flotaciones, regatea las mesas, juguetea con los intentos de retenerla y cuando una arcada le sube de lo más profundo de su náusea, corre en dirección al lavabo de mujeres. Casi mete la cabeza en la taza sanitaria en la voluntad de vomitar, le duelen los músculos del estómago, el pecho y por su rostro corren regueros de sudor y lágrimas. Cuando se vuelve en busca del lavabo topa la mirada con la estatura gris de Anfrúns, el rostro lívido por las luces de neón y las cejas arqueadas y oscuras.

—Mírate en el espejo. Se te ha puesto el rostro de la corrupción y la muerte.

Montse le rechaza con un gesto y deja caer las manos en el borde del lavabo. La paleta del rostro registra todos los regueros del maquillaje. Detrás de esas facciones desdibujadas queda en segundo término la expresión sabia y prepotente de Anfrúns.

—Lávate la cara y volverás a descubrir tu antigua belleza.

—Vete a tomar viento.

—Necesitas un hombre que te hable como yo te hablo. Por mi boca se expresa el espíritu de la generosidad. Quiero que vuelvas a ser tú.

Es asco lo que conmueve el pequeño rostro de la gogo girl, como una niña que va a tomar un purgante irremediable y prepara con muecas la agresión al paladar. Le cansa la presencia de Anfrúns a su espalda como si la mirada del hombre fuera un peso. Suplica.

—Vete. Vete sociólogo. Todos los sociólogos sois unos plastas.

El miedo ha sustituido al asco. Pero es el mismo rostro de niña atezada por las luces de cien noches de bailar sobre la peana.

—Tiene buen color.

—Sol artificial.

—Una muñeca de lujo.

—Es un sol artificial doméstico. Está en la habitación de al lado.

—¿A qué hora se produjo la muerte?

—A simple vista hace seis o siete horas.

Es el mismo rostro en primer plano. Desnudo, sin maquillaje ni sonrisa, los ojos abiertos por la sorpresa ante la propia muerte. Desnudo también el cuerpo encogido sobre las sábanas y cubierto de moratones y acuchillamientos. El comisario Contreras no puede contener una mueca de dolor, como si el espectáculo le dañara los ojos. Tira de la sábana y cubre el cuerpo al tiempo que dice:

—Llevárosla.

Trajín forense, registro de huellas, un flash imprevisto que acentúa el disgusto en el rostro del comisario.

—¿Antecedentes?

El ayudante lleva una hoja en la mano.

—Casi nada. Una chiquillada. Se hizo una redada el año pasado y nos la llevamos. Tenía un porro en el bolsillo. Era de buena familia.

—Yo también.

—Quiero decir de buenísima familia.

—¿Buenísima? Fábricas. Regatas. Liceo y un tío suyo fue alcalde de no sé dónde con Franco.

—¿Qué hacía una chica como ésta en un lugar como ése? Eso habrá que preguntárselo a sus padres. ¿Alternaba?

—Apenas si he podido hablar con el dueño de la boite, pero al parecer no. Vivía su vida, pero no puteaba.

Contreras está conmovido por el contraste entre la ingenuidad del cuerpo de carnes breves y adolescentes, de la cara de animal joven y la brutalidad del ensañamiento del asesino.

—A ver, esa tarjeta. Jordi Anfrúns, sociólogo... Otra vez el sociólogo. A este tío deberían encerrarlo. Es aquel majara que va predicando castidad y se hace un lío con la picha y la política. Es aquel idiota al que agredió a mordiscos una profesora de instituto en los tiempos de la minifalda porque le censuró su falta de decoro en pleno claustro de profesores.

—Y es el que pintó con spray los cuerpos desnudos de las primeras vedettes que salían en porretas cuando empezó todo este libertinaje.

—Demasiado fácil. Pero buscadme a ese Anfrúns. Hay que echarle un vistazo. ¿Quién es ése?

Ha entrado en la habitación una vaharada de loción after shave presidiendo a un hombre elegante y pulcro con maneras de jefe de relaciones públicas. Le precede el guardia que da explicaciones a Contreras.

—Es el abogado que representa a la familia.

—Mi nombre es Pedro Fresneda y represento a la familia Gispert. El señor Gispert me ordena que me ponga a sus órdenes y queda a su disposición para cuantas diligencias quiera emprender.

—A mis órdenes. Muy bien. Deje por ahí la tarjeta y espere órdenes. A mis órdenes.

No esperaba el abogado el desdén del comisario. Parece sólo tener ojos para el cuerpo sin vida de la muchacha que el forense descubre y cubre con la sábana blanca, de un tirón, con la precisión de un experto.

—Para abogados estoy yo hoy.

Carvalho está en la cama con Charo. Abre los ojos, parpadea, se hace cargo de la situación y de que tiene bocaza, tal vez incluso de que le duele la cabeza o es la simple presión de un día en el que no tiene qué hacer o no le gusta lo que ha de hacer.

—¿Qué día es hoy?

Charo se despierta y asoma el rostro enfurruñado.

—¿Qué pasa?

—¿Qué día es hoy?

—¿Y para eso me despiertas?

—Yo no he despertado a nadie. Me he limitado a decir: ¿Qué día es hoy?

Vuelve a sumergirse Charo en el mar de sábanas, mientras Carvalho las abandona en busca de su ropa, del espectáculo de la ciudad a sus pies y luego de la cocina donde prepara el café. Suena el timbre del teléfono y Carvalho mira el reloj mural. Las siete de la mañana. La sorpresa no le impide coger el teléfono.

—Jefe. ¿Me conoce?

—Inconfundible.

—¿Le he despertado?

—Eso no lo vas a conseguir tú ni nadie. Tengo resaca.

—Es que hay aquí un cliente.

—¿Un cliente? ¿A las siete de la mañana?

—Ya se lo he dicho yo, jefe, pero dice que tiene mucha prisa. Le paso el teléfono.

Y coge el teléfono el místico moreno y anguloso, con su caspa a cuesta y su tono iluminado para decirle a Carvalho:

—Buenos días. Mi nombre es Jordi Anfrúns. Soy sociólogo, sociólogo sexual.

—¿En qué circo trabaja, amigo?

—Me dedico a las ciencias sociales y le estoy esperando en su despacho.

—Ah, bueno. Un científico. Voy para allí.

Charo se niega a secundar la exigencia de vestirse rápidamente y que Carvalho la devuelva a su casa. Bajaré yo sola en el funicular. Por una sinuosidad continua, mental y física, Carvalho acude a su despacho y a su trabajo, como si una fuerza ajena le hiciera descender por un tobogán de carreteras. Café. Café. Gime su cerebro como gime el vagabundo de desiertos que pide agua a la quimera del espejismo. Cuando entra en el despacho ni atiende las disculpas de Biscuter, ni el taconazo marcial con inclinación de cabeza con el que se presenta el sociólogo sexual.

—Marchando cinco cafés para mí y... ¿Usted tomará café?

Anfrúns cierra los ojos con deleite, como si la mente estuviera paladeando la respuesta.

—No tomo drogas.

Y los vuelve a abrir para comprobar el efecto que sus palabras han provocado en Carvalho y Biscuter. La misma cara de estupefacción, quizás más agresiva en Carvalho.

—¿Ni siquiera café?

—El café es una droga. Exactamente la séptima por orden de toxicidad.

—¿Sería tan amable en darme la clasificación?

—Con mucho gusto. Forma parte de mi cruzada por el saneamiento de las costumbres. Primero, la heroína, azote de la humanidad. En segundo lugar, la comida, destruye el cuerpo y puede matar el alma a través de sus agentes, como el colesterol...

—No siga amigo. Está usted en territorio enemigo. No

somos indios amigos. ¿Verdad, Biscuter?

—Verdad, jefe.

—Biscuter. ¿Tú consideras que las albóndigas con salsa sean droga?

—Un disparate, jefe.

—Ya lo ha oído.

Ante los imponderables, el sociólogo sexual se limita a encogerse de hombros y a abarcar con los brazos la inmensidad de la ignorancia humana.

—Biscuter. Haz café y caliéntame algo.

—¿Qué le parece un par de pimientitos rellenos, jefe?

—Prefiero un poco de pan con tomate, una butifarra y alioli.

Todas las gamas del asco han pasado por el rostro de Anfrúns.

—Bien. Ya me siento mejor. Usted dirá.

—Soy sospechoso de un crimen.

—¿De qué crimen?

—Han matado a una muchachita, hace dos días, a una gogo girl del club *Scorpio*. Yo trataba de que se convirtiera en una de mis discípulas, trataba de apartarla del vicio y llevarla al camino del control de la propia vida. Así como los curas o los psiquiatras esperan en los confesionarios a los pecadores o a los enfermos, yo soy sociólogo y he de ir al encuentro de la sociedad. Yo voy allí donde se dan las conductas erradas y les predico la buena nueva del autocontrol, de la posesión de la conciencia ilimitada.

—Parece usted un candidato electoral.

—La pasión y la ciencia suelen ir por separado. No es mi caso. Tenga.

Deja sobre la mesa una carpeta que ha llevado hasta entonces bajo el brazo. Carvalho lee el título.

«Sobre la conducta sexual y sus relaciones con la conducta total. Apéndice: los políticos y la violación.»

—Interesante.

—Imprescindible, diría yo. Montse era un animalillo tierno que hacía de gogo girl para mortificar a su familia, una familia muy rica. Su padre fue casi alcalde en tiempos de Franco.

—Le faltó el casi.

—Se vio envuelto en un lío de faldas y en aquellos años los líos de faldas tenían que esconderse muy bien. En fin, a lo que íbamos. La policía me tiene manía pero yo tengo una coartada casi perfecta en la noche del crimen. Es cierto que estuve en el Scorpio hablando con Montse, pero luego me fui a mi casa y tengo seis discípulos dispuestos a afirmar que estaba allí en el momento en el que se supone mataron a Montse.

—¿Vive usted con sus discípulos? ¿De qué les da clase?

—De sociología sexual. Me han cerrado las puertas de la universidad y de las editoriales. Doy clases en mi casa y edito mis libros.

—¿Los alumnos están a pensión completa?

—Tengo un sentido socrático de la enseñanza. La convivencia con el maestro aproxima a la verdad del maestro. Estoy dándoles un cursillo monográfico sobre *La Conducta Sexual del involucionismo*. Mis alumnos son mi coartada, pero he intuido que el comisario me tiene manía, suelo provocar reacciones de rachazo, cuestiono demasiadas cosas, soy demasiado revolucionario para los filisteos de la época actual. ¿Me entiende?

—Hago todo lo posible para seguirle amigo. Pero me cuesta. No suelo tener a sociólogos como clientes. Mis clientes más bien son víctimas de la sociología. Gentes mal vistas por las estadísticas. Así que usted no mató a la gogo girl y quiere que yo descubra quién lo hizo para así usted poder seguir dando clases sobre sociología sexual.

—Excelente resumen.

—Le va a costar caro.

—No se preocupe por el dinero.

—Es que estoy ahorrando para la vejez.

Anfrúns mira a Carvalho con un evidente desprecio.

—Sólo los pusilánimes se preocupan por su propia vejez.

—Me preocupa llegar a viejo meándome encima y sin nadie que me cambie los pañales. Qué quiere que le diga, cada uno es cada uno. Ahorro para pagarme la dignidad de ser tratado como un señor aunque me mee encima. ¿Se ha meado alguna vez encima usted?

Pero ya acude Biscuter con la humeante cazuela donde bulle la salsa oscura que rodea los pedazos de sepia y las pequeñas albondiguillas.

—Veo que Biscuter ha elegido por su cuenta. Las albóndigas con sepia son lo mejor para la resaca, ¿gusta?

—Nauseabundo. Si supiera usted lo que va a ingerir.

—Biscuter les da una punto exacto. Es un tradicional técnica ampurdanesa para caracterizar algunos platillos mediante el sabor y el color: dejar quemar la cebolla, sin pasarse, y luego triturarla. Pruebe una. Si es usted científico debe experimentar.

—Es el primer argumento sensato que le oigo. Déme una.

Carvalho pincha una albóndiga y se la mete en la boca que le tiende el sociólogo mientras cierra los ojos. Mastica sin abrirlos y cuando tragado el bocado, recupera la vida para aguantar la mirada expectante de Carvalho y Biscuter.

—Como un tumor. Exactamente como un pequeño tumor encebollado.

Cada árbol tiene quinientos años o ha costado quinientas mil pesetas. La casa es un extenso bungalow de ladrillo vista con tejados de pizarras de cincuenta quilates, semioculta, a pesar de su rotunda presencia, por una vegetación que moviliza a un matrimonio de jardineros filipinos. Le introduce un aparente mayordomo por las maneras, pero vestido de chófer receloso ante la acogida que su señor pueda ofrecer a este intruso que no huele a persona importante. Es la misma sentencia que dictan los ojos del señor Gispert, un hombre de poderosa quijada, de poderoso pecho, de poderosa cabeza emergiendo del albornoz blanco, semientregado a una poderosa chaisse longue de jardín poderoso, en el que no falta la poderosa piscina. Y a su lado contrasta la pequeñez enlutada de un figurilla de mujer desecha en lágrimas. La pequeñez de la mujer aumenta la enormidad del hombre y las lágrimas excitan su todo rudo y superador.

—Para mí ya estaba muerta.

—¡Mi pequeña!

—Calla, alcahueta. Buena parte de la culpa es tuya. Eres

demasiado duro con ella, me decías y venga protegerla cuando tenía malas notas o cuando volvía tarde a casa.

—Quería ser actriz.

—Actriz. Actriz. Muy bien sabía yo lo que quería ser.

Carvalho asiste distante a la inútil representación familiar, al duelo de posturas que va a acompañarles durante toda la vida.

—Yo ya ni me atrevía a salir de casa. Por todas partes me encontraba con noticias de la niña. Clientes, proveedores, amigos. ¿Has visto a tu hija? Y no continuaban, porque yo les miraba de una manera que no les dejaba continuar. Pero lo leía en sus ojos. Está moviendo el culo en tal sitio. Es lo que hacía. Yo no he educado a mis hijos para que vayan por el mundo moviendo el culo. Yo era el heredero de mi familia y mi padre me hacía trabajar en la fábrica durante todas las vacaciones, desde que tuve catorce años.

—¡Tú la echaste de casa!

—Se echó ella sola.

Se mira el matrimonio con odio y Carvalho les deja hacer y decir cuando a sus espalda suena una dura voz femenina.

—Basta. Un poco de pudor.

Se vuelve y cree contemplar una portada de Jours de France. Una treintañera muy bien vestida, de excelente clase su caminar acercándose al grupo.

—Venga conmigo.

—¿Es a mí?

Carvalho ha mirado primero a izquierda y derecha por si la propuesta orden de la mujer iba dirigida a otra persona.

—Por favor. Creo que será mucho más sensato que hable conmigo.

—¡En esta casa aún mando yo!

Se ha puesto en pie el padre y el intento de pegar un puñetazo en la mesa se ha quedado en el aire, porque evidentemente no hay mesa. Queda el hombre desairado y aprovecha la recién llegada la debilitada posición de su padre para coger a Carvalho por un codo y encaminarlo hacia el interior de la casa. Deposita al detective en un living que ha costado cinco millones de decoración, excluídos los colmillos de elefante y una alfombra persa sin ninguna duda mágica.

—¿Vuela?

Señala Carvalho la alfombra ante la perplejidad de la mujer.

—¿Qué velocidad de crucero desarrolla?

—Por favor. Dígame a mí lo que quiera y zanjemos este asunto cuanto antes. Todo está en manos de la policía y no comprendo el porqué de su injerencia.

—¿Es vd. la primogénita?

—Soy la hija mayor. Tengo un hermano mayor que está trabajando.

—Montse era la pequeña.

—Exactamente.

—La más mimada.

—Por mamá. Desde pequeña la protegió excesivamente. Estuvo delicada. Tardó en hablar correctamente. Su rendimiento escolar fue una desgracia.

—El de usted ¿qué tal?

—No viene a cuento. Trato de ser amable. Pero ha de tener en cuenta que no tengo ninguna obligación de serlo.

—¿Por qué la echaron de casa?

—Su vida privada no era un buen ejemplo.

—¿Se drogaba?

—Entre otras cosas. Bueno, eso eran chiquilladas. Pero de pronto se presentó con el lío.

—¿Qué lío?

—¿Tan difícil es de imaginar?

—Un niño.

La mujer amueblada cerró los ojos asintiendo.

—¿El padre?

—No nos interesó saber quién era y a ella tampoco.

—¿Dónde está el niño?

—La acompañé a Londres.

—Ah.

—Y a la vuelta de Londres mi padre puso las cartas sobre la mesa. Le ofreció ponerle un negocio, meterla a trabajar en cualquier hueco de nuestras empresas, o quedarse en casa o viajar para aprender idiomas.

—¿No le interesaron los idiomas?

—No. Y a la primera que hizo, mi padre la echó.

—¿Qué hizo?

—Se metió en un asunto tonto. Uno de esos ¿cómo se llaman? camellos, un chico de un grupo teatral en el que estaba metida, les pillaron fumando, él era un camello, pasó tres días en comisaría. Fue la gota que colmó el vaso.

El señor Gispert ha irrumpido en el salón y ensaya la pose del arcángel expulsando a Adán del Paraíso.

—¡Fuera!

—Ya se iba, papá. Hemos charlado amigablemente y el señor ya se iba.

Hay un contraste entre el tono de relaciones públicas de la rubia y la insistencia del hombre del albornoz señalando la puerta de salida.

—Fuera.

—Es usted un obseso. Se pasa la vida echando a la gente a la calle.

Le tiembla al hombre la barbilla de cólera, pero ya no es por Carvalho. La ira se la provoca su mujer enlutada que también ha irrumpido en la estancia en busca de la disputa aplazada.

—¡Hasta el fin de tus días purgarás el haber echado a tu hija de casa!

La rubia se marcha, elegantemente, como si no fuera con ella lo que está ocurriendo en el living. Carvalho contempla el matrimonio enfrentado, agrediéndose con un odio tan pasivo como profundo. La mujercilla retrocede un paso y luego camina con decisión los tres o cuatro que le separan de su marido para darle un empujón que le hace perder el equilibrio y convertirse en un espantapájaros en albornoz que agita los brazos en busca de asidero. Recupera la vertical el viejo y se va a por la mujer en cuya cara deja una bofetada suficiente para hacerle volver la cabeza. Pero ya no es una mujer, es un gato viejo y enfurecido que clava sus uñas en la cara del marido y le vomita insultos de cloaca de ciudad gravemente contaminada.

—Me permite. La salida es por aquí.

El mayordomo chófer le fuerza a abandonar el ring con una amable pero incontestable propuesta. Caminan en silencio y se alejan paulatinamente los gritos y ruidos de la batalla.

—¿Siempre están igual?

—¿A qué se refiere usted?

—Ese par de viejos que están compitiendo por el título mundial de los pesos ligeros.

—No he visto nada. No sé de qué me habla.

—Es usted un buen profesional.

Un ex cine de putas viejas y pajilleras ancianas de la posguerra, convertido ahora en ámbito para los ensayos de grupos de teatro independiente, según los planes de acción cultural de un ayuntamiento democrático dispuesto a que el teatro haga olvidar a los públicos el sentido de la mediocre comedia cotidiana. Los actores se mueven mucho y hablan poco y mal. Ya nada es como antes, refunfuña Carvalho. Tendría que volver el teatro en verso. La arqueología cultural hay que asumirla y no disfrazarla de modernidad. Los actores ensayan un número de teatro de animación callejera. Carvalho presencia el espectáculo sentado en una silla casi única en el deshabitado marco de un cine viejo que no consigue creer en sí mismo como teatro. El ensayo termina y Carvalho se acerca con parsimonia al director escénico que está corrigiendo a uno de los actores. Intercambian unas palabras mientras los figurantes corren de aquí para allá recuperando su aspecto normal y el personal técnico discute decorados y figurines sobre grandes mesas de dibujo. El director cabecea afirmativamente y se pone en marcha siguiéndole. Viste el uniforme de pasota, aunque una incipiente calva amelenada le señala próximo a la cuarentena y casi sin cruzarse más palabras, Carvalho y el hombre están frente a frente, separados por una mesa de mármol y dos cafés humeantes.

—Montse Gispert trabajaba en su grupo teatral cuando quedó en estado.

—¿Cómo dice?

—Que Montse Gispert trabajaba en su grupo teatral cuando quedó preñada.

Del desconcierto pasa el hombre a una cierta pesadumbre.

—Ah, entonces fue por eso. Ahora me lo explico.

—Ahora que ya se lo ha explicado a usted mismo ¿tiene algún incoveniente en explicármelo a mí?

Baila sobre el podium, bajo la revelación de un chorro de luz lechosa o se columpia sobre la cabeza de los pobladores de la discoteca, mereciendo la indiferencia del ruido total o las miradas del público en busca de la adivinable herida tierna del sexo.

El hombre toma aire o toma memoria, pero lo traduce en muy pocas palabras.

—Montse desapareció de pronto. Yo creí que estaba enfadada con nosotros por el castigo.

—¿Castigo?

—Sí. Bien. Es difícil de entender si no se conocen nuestras costumbres. Nuestro grupo es como una gran familia. Convivimos, discutimos lo que vamos a hacer, cosemos nuestro vestuario, hacemos los decorados... Hay que participar a fondo o el grupo se muere. Montse era muy especial. De pronto desaparecía unos días. Otras veces estaba demasiado ensimismada. La castigamos relegándola a la condición de taquillera durante varios meses y un día no volvió. Yo lo atribuí al castigo. Pero debió ser lo otro.

—¿Era usted el padre?

El hombre le mira fijamente y sonríe con una cierta tristeza.

—No estoy en condiciones de ser padre de nadie.

Se aguantan las miradas.

—¿Quién pudo ser de la compañía?

—¿Por qué de la compañía? Tenemos una sexualidad libre.

—Luego Montse tuvo otro percance por cuestión de drogas y esta vez sí la metió en el lío un antiguo compañero del grupo teatral.

—Fue Recasens. No pierda el tiempo buscándolo. Le enterramos hace quince días. Un cáncer galopante. Un gran sujeto. Malogrado. Era un gran escritor. De hecho a él se debe buena parte de los temas que tratamos, es decir, del tratamiento literario de nuestros montajes.

—¿Pudo ser el amante de Montse?

—No.

Ha dicho un no tajante y sigue siendo tajante, casi desafiante la mirada que enfrenta a Carvalho.

—¿No?

—No.

—¿No puede ayudarme en esta cuestión?

—Lo siento, pero no.

—Tal vez prefiera ayudar a la policía a la fuerza.

—Cuando venga la policía le diré lo mismo que a usted. No sé nada.

Carvalho se despide en la calle de su poco locuaz interlocutor. Vuelve el hombre al teatro. Carvalho espera unos instantes y luego le sigue. El director escénico empuja con decisión las puertas batientes y entra en la sala donde aún permanecen los actores a su espera. Carvalho desde la puerta entreabierta observa su conducta. Ha ido directo a uno de los actores y ha cuchicheado algo. Luego un aparte y una cierta sensación de nerviosismo entre los dos hombres.

El muchacho camina por las Ramblas con la elasticidad de un cuerpo bien educado. Cruza la Plaza Real y se va hacia la calle Fernando. Escoge un portal y se zambulle en él con decisión. Carvalho examina el interior. No hay portería. Un contestador automático que el detective observa con una cierta irritación. Cruza la calle y monta guardia frente al portal. No tarda en reaparecer el muchacho con un maletín de viaje en la mano y casi sin dar tiempo a reaccionar a Carvalho se sube a un taxi tan aparcado como amenazado por la estatua pisapapeles dedicada a Pitarra. Carvalho sube a otro taxi y se inicia un recorrido por la ciudad que desemboca en la autovía de Castelldefels rumbo al aeropuerto. El muchacho ha pagado rápidamente al taxista sin que se haya detenido el coche, porque nada más pararse, salta y se mete con paso ligero en el hangar del Puente Aéreo. Carvalho se entretiene pagando y luego corre para recuperar el tiempo perdido. El muchacho está ante la ventanilla de la venta de billetes de Puente Aéreo y mira receloso a su alrededor. Ha de esperar a que despachen a alguien y de pronto se da cuenta de que Carvalho se ha acodado en el mostrador a su lado.

—¿Tiene algún inconveniente en charlar un rato conmigo?

—Voy a perder plaza en el próximo vuelo.

Carvalho mira hacia el mostrador de embarque.

—Hay poca gente y falta un rato. No le molestaré demasiado.

—Espere a que coja el billete.

—A lo mejor no lo necesita.

—Eso es cosa mía.

Compra el billete de ida y cuando lo tiene en la mano soporta sin pestañear el comentario de Carvalho.

—¿No piensa volver?

Va al mostrador de embarque y recoge la tarjeta.

—Está a punto de embarcar. ¿Qué quiere?

—Montse Gispert era amiga suya, ¿no?

—Era amiga de todos.

Carvalho le mira la bragueta.

—¿La dejó usted en estado?

—Pero bueno, tío, corta el rollo ya, ¿quién te has creído que eres?

Carvalho coge un brazo del muchacho que se revuelve, se aparta de un salto y grita:

—Pero ¿qué te has creído, viejo verde? ¿De buena mañana ya estamos así?

Los viajeros se vuelven para contemplar la escena.

—Vete al lavabo a refrescarte la calentura.

En rápidas zancadas el muchacho gana distancia con respecto a Carvalho. Se ha metido en la cola de los que esperan el paso por el control policial. Carvalho vacila. Varios ojos siguen pendientes de él. Contempla impotente cómo el muchacho supera el control policial y se mete, diríase que sonriente, en la sala de embarque. Carvalho da media vuelta sobre sí mismo y se encuentra con el comisario Contreras que está a dos palmos de distancia y le sonríe socarronamente.

—Corra, corra, Carvalho, se le escapa la presa.

—Se la cedo comisario.

—A mí no me interesa.

El comisario cambia de expresión.

—Le advierto una vez más, Carvalho. Métase en lo suyo y no se haga el milhombres.

—Gracias por el consejo, comisario. Sé que lo hace por mi bien.

El comisario le contempla desafiante, incluso agresivo, como si de un momento a otro fuera a patearle. Pero poco a poco una sonrisa se abre camino en su rostro y dice:

—Lo que nunca me hubiera imaginado es que usted fuera por los aeropuertos insinuándose a muchachos. ¿Quiere que le detenga por escándalo público?

—Prometo reformarme.

Carvalho decide poner tiempo y distancia por medio. Saluda al comisario y le deja plantado y dubitativo en la inmensidad del hall. Por poco tiempo. Se acerca al policía una muchacha que le da conversación y le pide unos minutos de atención. Carvalho desanda lo andado y se sitúa a la distancia suficiente para escuchar el diálogo. La muchacha le ofrece la verdad revelada en un libro que le tiende.

—Las fuentes de la sabiduría.

Contreras ha tardado en reaccionar, pero se lleva la mano al bolsillo de la chaqueta y saca la placa policial. Sin decir nada, la sitúa a la altura de los ojos de la muchacha.

—También a un policía le interesa llegar a las fuentes de la sabiduría.

Disimula su irritación y da media vuelta para encontrarse frente a frente con Carvalho.

—¿Insinuándose a las muchachas?

—Es una fanática de esas sectas.

—No parece haberle impresionado demasiado su placa.

—Los tiempos cambian. Estas generaciones no respetan nada. Yo les metía a todos tres años de servicio militar en la Legión, a todos, a ellos y a ellas.

El Instituto Femenino de Educación Permanente ha convertido el nombre de Jordi Anfrúns en un rótulo de letras móviles adherido a un mural, donde consta todo el plan de Estudios que se imparte en un centro pensado para que las casadas ricas e inquietas aumentaran su cultura, a partir del momento en que el hijo menor cumpliera seis años y pudiera subirse al autobús escolar del que ya no saldría hasta veinte años después. Anfrúns perora rodeado de devotos silencios. Una audiencia variopinta en la que predominan mujeres jóvenes, pero en la que no faltan ajadas damas divorciadas, aún de buen ver y vestidas con un elegante descuido fronterizo con el rockero cincuentón. Anfrúns parece un delgado oficinista casposo y grasiento a pesar de su extrema delgadez. Habla con la seguridad de un predicador en tierra de misión.

—¿De qué vais disfrazados? ¿De pobres? ¿De ricos pobres? Pero si os quedarais desnudos ¿qué seríais? Seríais pobres bípedos reproductores portadores de sexo, portadores de agresión. Y esa capacidad sexual de agredir la modifica la cultura, por eso los bárbaros no dudan, agreden, por eso el fascista es un agresor sexual y en las estadísticas de la violaciones estaría por encima de cualquier otro doctrinario. ¿Los que menos fornican? Los liberales. ¿Los que más fornican? Los fascistas. ¿Alguna pregunta?

Una mujer acincuentada, muy nerviosa, se levanta, carraspea, se expresa con dificultad.

—Yo le preguntaría... en fin... usted ha hablado mucho de los fascistas... y de los liberales, pero ¿y los comunistas? ¿Son violadores? Es decir, ¿llevan en la mente la agresión sexual?

—¿Es usted comunista, señora?

La dama lanza un respingo.

—¡No! ¡Dios me libre!

—Se lo pregunto porque, de serlo, comprendería usted mucho mejor mi respuesta. Los comunistas son capaces de graduar sus pulsiones sexuales según las necesidades del partido.

Algún oh admirativo y temeroso en la sala, cabeceos de palco de ópera. Otra señora se decide entre idénticas vacilaciones que la anterior.

—Perdone... yo quisiera saber si se puede establecer una clasificación por profesiones... ¿Qué profesión es sexualmente más agresiva? Es que a mí me pasó una vez... en fin... un fontanero... se puso muy pesado.

Una chispa de malicia aparece en el rostro de Anfrúns dirigido ahora a Carvalho que permanece sentado entre el público.

—Sin duda, por profesiones, los más agresivos son los detectives privados. El tiempo ha terminado. El próximo viernes hablaré de *Agresividad sexual e imperialismo económico.* Los que no hayan formalizado la matrícula del cursillo pueden hacerlo en la oficina del centro a la salida.

Arrastre de sillas, cuchicheos o conversaciones francas, rostros sorprendidos en el trance de mirar con prevención y fascinación de Anfrúns. Por fin quedan a solas Anfrúns en el estrado y Carvalho sentado en su silla. Sin abandonar su posición, Anfrúns pregunta:

—¿Qué le ha parecido?

—Un poco esquemático.

—Las ideas fundamentales sólo pueden ser transmitidas así.

—Lo que no entiendo es por dónde va su rollo. ¿A dónde va a parar?

—A la igualdad de oportunidades sexuales. Es la única igualdad fundamental para la realización del hombre. No es justo que una parte de la humanidad esté sobrada de fornicación y otra pase hambre en cuestión.

—Usted por ejemplo.

—Yo estoy por encima. Yo tengo una visión de conjunto y por lo tanto distanciada.

—¿Y Montse?

Vacila Anfrúns, se concentra y sus palabras aparecen cubiertas por un barniz evocador, como si estuviera convocando del más allá el pasado de la muchacha.

—Cuando yo la conocí era como un animalito sin conciencia de su propio poder, de su propia generosidad.

—¿Llegaron a tener relaciones personales?

—La descubrí una noche en que entré por casualidad en el Escorpio. Me he trazado un plan de recorrido de la ciudad alegre y confiada y aquella noche me tocó el Scorpio. Puse ante sus ojos el espectáculo de su propia corrupción y primero me rechazó, incluso me tomó el pelo en público haciendo que todos me miraran: Jordi Anfrúns, sociólogo. Pero luego volvimos a vernos alguna vez más y me trataba con más respeto. A la juventud hay que hablarle con sinceridad y exigirle la estatura de la responsabilidad. Fíjese hasta qué punto había perdido el respeto por sí misma que me tomó por un muerto de hambre sexual que la estaba ensalivando con palabras para llevármela a la cama. Y un día me lo propuso. Me parece, Jordi, que necesitas un desahogo. ¿Quieres venirte conmigo a la cama? Ya sabes que no lo hago con todo el mundo. Me emocionó. Lo oculté, porque en mi plan de reeducación moral no caben las concesiones emocionales, pero me emocionó. Lo mejor que puedes hacer por mí es ponerte en pie, erguida, como un ser humano, y no moverte sobre esa peana como un monigote desarticulado.

—Y ella cayó fulminada ante su grandeza de alma.

—Se echó a reír, pero yo noté que la había impresionado y desde entonces me hacía más caso e incluso le pasé mis escritos para que tuviera tiempo de leerlos reposadamente y meditarlos.

—Pida un crédito a Banca Catalana y monte un convento.

—La religión es el opio del pueblo.

—¿Le dijo alguna vez Montse algo que hoy pueda servirnos? ¿Se sinceró? ¿Le confió algún temor?

—No. Exactamente eso no. Pero recuerdo que una noche la fui a esperar a la hora en que terminaba su trabajo y la encontré más excitada que de costumbre.

Es Montse la que se agita de nuevo sobre la peana y la que luego se columpia sobre las cabezas, los vapores, las luminosidades rotas, las conversaciones a gritos bajo el estruendo de la música. Y luego, la que con la misma sonrisa fija va hacia una mesa donde le espera Anfrúns.

—Hola, Jordi. Ya ves qué noche. ¡Auuu!

Ha aullado como un perrito alegre y se deja caer cansada en una silla. De cerca, el maquillaje no consigue ocultar un cansancio de fondo y el enrojecimiento de sus ojos traiciona sueño aplazado.

—¿Has leído los apuntes que te di?

—¡Auuu! ¿Leer? Llego rendida a casa, me tumbo en la cama y me despierto casi a la hora de volver aquí para el turno de tarde.

—Deja este trabajo.

—Jordi, chico ¿Y qué hago? ¿Tan malo es lo que hago? Reparto felicidad. ¡Me muevo! ¡Me muevo! Y el que quiera mira y el que no quiere no.

—En los ojos de los hombres gotea el desierto y en los de las mujeres el desprecio. ¿Por qué les regalas la posibilidad de que se sientan mejores que tú?

—Todo el mundo es mejor que yo. Pregúntaselo a mis profesores. No hubieran apostado un duro por mi porvenir. Mis notas eran de escándalo, los cursos en que había ocho asignaturas yo suspendía diez. Mi padre confiaba en casarme bien casada, pero ni para eso le he servido. En cambio, mis hermanos son ejemplares: el mayor es el *hereu* perfecto y mi hermana es Doña Virtudes de día y Doña... en fin, vamos a dejarlo. Las apariencias engañan, Jordi. Pero un día voy a estallar y si reviento mis salpicaduras van a ensuciar a más de un abrigo de visón.

Supe que mentía. Que nunca estallaría. Que purgaba un complejo de culpa por no haber estado a la altura de las circunstancias y que subirse a un podium y bailar era su única manera de afirmarse. No sabía hacer otra cosa. Y por eso yo insistía, porque si no salía de aquella jaula dorada nunca tendría la menor posibilidad de dar salida a la energía creativa que todos llevamos dentro. La burguesía ha dividido el mundo según sus intereses, pero no se ha conformado con el mundo de las cosas, sino también con el de las personas. Han ordenado el trabajo, las clases, los papeles sociales dentro de un monstruoso sistema de producción que les beneficia. Los marxistas le llaman división internacional del trabajo cuando se refieren al orden internacional y división del trabajo cuando se refieren al orden social. Pero a los marxistas se les escapa el instinto de posesión, la latencia sexual que hay debajo de esa conjura tan perfectamente racionalizada. El rostro de Montse era el de una esclava sexual condenada por vida por su propia clase social. Tendría usted que verla allí, tan desvalida, tan desamparada. Me muevo. Me muevo. Decía y se estaba hundiendo, hundiendo.

Se ha roto el encantamiento y de nuevo Anfrúns, como si despertase de un sueño vuelve a la sala donde imparte cursillos de sexología, a Carvalho que le contempla con un cierto interés.

—¿Comprende? El que quiere mira y el que no quiere no. Era una liberal. En sexualidad era superficial. Verbal.

—Es decir, que no quiso acostarse con ella.

Con una cierta amargura aunque con orgullo, Anfrúns confiesa:

—El destino de Anfrúns es transformar la vida de los otros, aun a costa de no vivir su propia vida.

—¿La mató usted?

Un silencio largo, por el rostro de Anfrúns pasa la sorpresa, el miedo, la vacilación, la indignación.

—No haga preguntas estúpidas de novela policiaca. Me he pasado toda la tarde en la comisaría contestando a ese asno, Contreras, y a dos mocitos que habían aprendido su oficio en películas de la serie B hechas con poco presupuesto. Ni siquiera estaban en condiciones de descubrir mi ironía, mi desprecio. De momento no vienen a por mí, pero me tienen en la reserva y si no encuentran un culpable verosímil, me cogerán y cubrirán el expediente hasta que el caso se olvide. No me gusta ir a la cárcel, aunque sea provisionalmente.

—¿Es usted de buena familia Anfrúns?

—Sí. ¿Cómo lo ha notado?

—En su manera de despreciar. Eso se mama desde la cuna.

Carvalho de nuevo en el aeropuerto. Conducta mecánica de un viajero más en el puente aéreo. Sentado en su asiento, Carvalho abre su bolsa de viaje y saca un paquete envuelto en papel de plata. Lo desenvuelve y aparece un flamante bocadillo que empieza a comer con apetito ante la estupefacción de su vecino de asiento y la sorpresa de la azafata. Carvalho interrumpe la masticación del bocadillo para dar explicaciones a su vecino.

—Bocadillo Sra. Paca. ¿Lo ha probado alguna vez?

—No. Confieso que no.

—Lo hacía mi abuela. Pescado frito desespinado, el más adecuado es la merluza, berenjena frita sin enharinar, pimiento frito y el pan con tomate, naturalmente.

—¿Es típico de Catalunya?

—Xarnego. Rigurosamente xarnego. Catalunya aporta el pan con tomate y mi abuela, que era murciana, todo lo demás. Siempre que viajo con Iberia me como un bocadillo de éstos. Así supero la depresión que me provoca el zumo de naranja aéreo.

La azafata pasea en aquel justo momento la bandeja llena de zumos de naranja. El vecino de Carvalho hace ademán de coger uno.

—¿Qué hace usted?

—Tengo sed.

—Pida agua. Tengo la sospecha de que toda la naranjada que sirve Iberia procede de unos yacimientos secretos de naranja sintética que dejó abandonada la división Condor durante la guerra civil. Es una sutil mezcla de anilinas y pegamentos para crear una película interior que va desde el paladar hasta el estómago y fomentar así la corrupción de la operación de comer. Es una conspiración. Empieza la naranjada de Iberia y luego vienen las hamburguesas industriales, el frankfurt, el catsup. No sólo crean hábito, sino que lesionan los cromosomas del paladar y las nuevas generaciones ya nacen con el sentido del gusto atrofiado. ¿Tiene usted hijos?

—Sí.

—Supongo que mayores.

—En torno a los veinte años. De quince a veintitrés.

—No sólo comen hamburguesas, pero sí, las prefieren a una comida complicada.

—Todo empezó el primer día que usted aceptó una naranjada de Iberia.

Hay alarma en la mirada considerada que el vecino dirije a Carvalho más que a sus argumentos. Finge dedicarse a una de las páginas más anodinas del periódico, pero de vez en cuando tienta con el reojo lo que pueda hacer o deshacer Carvalho.

Ya en Madrid, Carvalho inicia una búsqueda por los lugares de reunión. Pub Santa Bárbara, Oliver, Gades, Bocaccio. Es en Bocaccio donde ve al actor fugitivo rodeado de un grupo de actores jóvenes. Carvalho permanece en la oscuridad del salón y ya de madrugada sigue al muchacho hasta su domicilio en un viejo caserón del barrio de Opera. Carvalho busca habitación en el Hotel Opera y al día siguiente monta guardia en una tasca desde la que se ve el portal donde se metió su perseguido. Finalmente toma una decisión. Cruza la calle, interroga a una vecina que baja la escalera y se planta ante una puerta anónima que abre con una ganzúa. Un pequeño apartamento abandonado, casi sin muebles, algunos pósters rockeros en las paredes, algún cartel teatral y en un jergón el muchacho parece dormir. Carvalho se acerca y tira de las mantas. No se mueve el cuerpo. Carvalho se acerca y contempla su cara, sus ojos dilatados por el terror y la muerte, las señales de estrangulamiento en su cuello de niño envejecido y delgado. Náusea y preocupación en el rostro de Carvalho en el momento de cubrir el cadáver y a continuación se pone unos guantes e inicia una búsqueda meticulosa por el piso. Repasa con especial cuidado la chaqueta del muerto. Abre su cartera. El carnet de identidad y nada más. De un bolsillo saca doscientas pesetas. Carvalho se queda dubitativo y deprimido. Se enfrenta otra vez al cadáver y musita:

—Pobre imbécil.

Pero no tiene tiempo de proseguir su meditación elegiaca. La habitación se llena de policías que le gritan histéricos con las piernas abiertas y el pistolón sostenido con las dos manos. Y no sólo le gritan, sino que le empujan y le prueban el estómago con un puñetazo que le destruye la vertical y la dignidad. Consigue sobreponerse al aturdimiento y pregona su condición de detective. No mejora su circunstancia. Ahora le rozan la cara con la punta de una pistola.

—Un huelebraguetas. ¿Qué hacías aquí dentro? ¿Y esto qué es?

Esto es una ganzúa. No cree necesario decirlo porque es evidente, pero el policía matón necesita poner nombres a las evidencias.

—Dime que es esto o te hago tragar la pistola.

—Por la forma parece una ganzúa.

—Te voy a sobar el hígado, so mamón.

No le deja cumplir su promesa un compañero de armas pero no de gritos que empuja a Carvalho más para apartarlo del círculo de amenazas que para llevárselo. Luego, en el coche patrulla, el comportamiento cambiaría. Le ofrecerían fumar y antes de llegar a Comisaría ya le habrían preguntado si era cierto que para ser policía en Catalunya hay que aprender el catalán.

—¿Sabes qué te digo? Que antes de que me destinen al País Vasco para ser blanco de los etarras y etarrillas, prefiero hasta aprender el catalino.

Contreras está encolerizado. Da vueltas en torno de su mesa de despacho o de la silla donde permanece Carvalho resignado ante el torrente de palabras y acusaciones que ya ha recibido y que va a volver a recibir.

—No se engañe. Es usted el responsable de esta muerte. Si usted no hubiera puesto al asesino en la pista de este chico aún estaría vivo. ¿Se cree usted Supermán? ¿Por qué no deja actuar a la policía? ¿Cree que no sabíamos que el chico había tenido relaciones íntimas con Montse Gispert?

—¿Qué tipo de relaciones?

—¿Quiere que le cuente los detalles? ¿No puede imaginar qué tipo de relaciones *íntimas* tienen un chico y una chica a fines del siglo XX?

—¿Trajeron consecuencias?

El comisario detiene sus paseos y contempla a Carvalho, alertado, como si el detective le estuviera aportando un elemento nuevo.

—¿Cómo dice?

—Muchas veces las relaciones *íntimas* entre un chico y una chica, aunque sea a final del siglo XX, traen consecuencias.

—¿Qué sabe usted?

—Nada que usted no sepa. Supongo. ¿Cómo va a saber un detective privado más que un profesional de la policía? Sus amigos madrileños me han *impartido* una lección de humildad.

—No se haga el gracioso. Le he sacado de un buen apuro porque la policía de Madrid quería quedárselo. Tiene usted una ficha de espanto. ¿Adónde quiere ir a parar con las consecuencias de las relaciones *íntimas?*

—Era una hipótesis de trabajo.

—Métase en trabajos más decentes y lucrativos. ¿Quién es su cliente?

—Secreto profesional.

—Anfrúns. No se pase de listo. ¿Qué espera cobrar de ese maniático?

—La sociología sexual tiene mucho éxito y además es de buena familia.

—El señor Gispert no le perdonará si el asunto airea demasiado y aún sigue siendo un hombre muy influyente. La gente influyente lo es siempre, es una lección que le conviene aprender. Anfrúns es un asesino hecho a la medida y un día de estos voy a perder la paciencia con él y con usted.

Carvalho conoce las reacciones de Contreras cuando se convierte en víctima de su propia retórica y le deja hablar. Pero luego, ya en la calle nota un frío interior, la sospecha de que no pisa firme, de que le abriga poco la sombra de Anfrúns. Un cliente es como una sombra que secunda y respalda el rastro del husmeador y a su espalda, Carvalho nota el frío de la escasa presencia de Anfrúns, de su precaria consistencia. En el despacho, apenas si atiende doce llamadas de Charo que Biscuter ha ido almacenando con su letra de párvulo, más una advertencia final en la que le dice que se ha ido a un hospital a ver una tía enferma, recién operada de una hernia. Le molesta que Biscuter tenga tías recién operadas de la hernia. Le parece tan inadecuado como frívolo tener tías recién operadas de la hernia y expresa su mal humor rompiendo en pedazos los mensajes urgentes urdidos entre Charo y Biscuter. Localiza a Anfrúns en su colegio para postcasadas con problemas de identidad. Le cita para un encuentro en territorio propicio.

—¿Por qué no viene a mi casa, en Vallvidrera? Le invitoa cenar.

—A condición de que sea una cena frugal y poco rica en grasas. Una cena que pueda ingerir un peatón de la historia y la gastronomía.

—Será una cena rigurosamente peatonal. Pero respete mi intención de no comer algo asqueroso por muy edificante que sea.

Carvalho ha puesto en marcha la máquina italiana de hacer pasta. Van saliendo los hilos de spaghetti y Carvalho los va cortando cuando alcanzan la extensión conveniente. Sale al jardín de su casa, arranca unas hojas de basilisco de una maceta y de nuevo en la cocina junta las hojas con piñones, ajo, aceite, vinagre, pimienta, sal, en un vaso de batidora. Hace la salsa. Pone a hervir los spaghettis y mientras tanto prepara un saltimbocca. Láminas de carne de cerdo con lonchas de jamón y una hoja de salvia, todo unido por mondadientes y pasado por la sartén. Entra en el comedor con la bandeja llena de spaghettis humeantes y con la cazuela tapada donde reposa el saltimbocca. En el comedor, como único comensal, le aguarda Anfrúns. Contempla recelosamente los platos.

—Droga.

—¿Dura o blanda?

—La comida siempre es una droga dura.

—Pero es la única droga que se paladea.

Nausea y preocupación en el rostro de Carvalho en el momento de cubrir el cadaver, y a continuación se pone unos guantes e inicia una búsqueda minuciosa en el piso. Repasa con especial cuidado la chaqueta del muerto.

—Un síntoma de la crisis de valores de nuestro tiempo es la preocupación por la gastronomía.

—No lo pongo en duda.

—Están muy buenos.

Reconoce Anfrúns después de llevarse a la boca los primeros spaghettis enrollados por el tenedor. La comida transcurre en silencio y Carvalho contempla con una cierta molestia lo poco que come Anfrúns.

—¿También está por encima de la comida?

—También.

—Quisiera hacerle algunas preguntas sobre Montse.

—Le he contratado para que pregunte a los demás, no a mí.

—Pero usted tuvo una relación muy estimulante con la chica. Una relación de confesor, o así. Algo debió decirle sobre su vida privada. Sobre sus relaciones. Además usted es un sexólogo. Forzosamente abordaron el tema del sexo, del amor. ¿Le dijo que había estado a punto de ser madre?

—Sí.

—¿Qué había abortado en Londres?

—Sí.

—¿Qué opinaba de su familia?

—Montse no tenía opiniones, es decir, no tenía opiniones críticas. Cuando hablaba de su padre decía: pobre papá o a su madre la llamaba, pobre mamá. Como si les compadeciera.

—¿Y qué decía de su hermana o de su hermano?

—Nada. O bien poca cosa. Cantaba.

—¿Cantaba?

La extrañeza de Carvalho fuerza al ensueño a Anfrúns. Se queda contemplando un punto remoto y se le aparece Montse vestida de gogo girl, con su perpetua sonrisa nocturna y diciendo:

—¿Mi hermana?

Montse reía brevemente y luego mira fijamente a Anfrúns y canta:

> Eres como la rosa de Alejandría
> morena saladá de Alejandría
> Colorada de noche, blanca de día
> morena saladá blanca de día.

Se ha roto el encantamiento, tal vez porque la canción ha sido apresada por Carvalho después de secarse los labios con la servilleta. Musita:

Como la rosa de Alejandría. Colorada de noche, blanca de día. Esa música ya la he oído. Se le escapó a usted en el transcurso de la conversación anterior sobre Montse. Habla a las claras de una doble conducta y según parece, Montse tenía una cierta reticencia hacia la doble conducta de su hermana.

—Sí. Ahora comprendo que sí, que había algo de reticencia.

Han llamado a la puerta y Carvalho comprueba por la ventana quién es la inesperada visita. El gestor Fuster permanece junto a la puerta, pasándose las manos por su melenita canosa y afilando la mirada perspicaz y clara por si es Carvalho quien se ha asomado la ventana. Pretexta una necesidad fugaz y mucha prisa, cuando Carvalho le advierte la presencia de un científico.

—Te gustará conocerlo. Es un sociólogo sexual.

—No. Increíble. Ese falta en mi colección.

—Y aún queda un espléndido resto de spaghettis al pisto y saltimbocca.

—¿Vino?

—El Raimat Cabernet Sauvignon.

—Me encantan los resopones.

No es del gusto de Anfrúns que alguien complique el encuentro a solas con Carvalho y manifiesta su repulsa advirtiendo las calamidades que pueden sobrevenir si se consume comida recalentada. Todas las toxicidades se multiplican por mil y lo que ya era de por sí una agresión al cuerpo, se convierte en un auténtico suicidio. Vengo suicidándome desde la más tierna infancia. Argumenta Fuster ante la silenciosa complacencia de Carvalho y la tensa displicencia de Anfrúns que se convierte en contenida ira cuando se se entera de la profesión de Fuster.

—¡Un gestor! Un trabajo inútil. Un intermediario entre dos ladrones acumuladores. La burguesía y el Estado.

El director teatral abre la puerta de su apartamento. Llleva una bolsa con compra de vituallas y pronuncia un nombre en voz alta.

—¿Ferrán? ¿Estás ahí Ferrán? He comprado en el supermercado.

Se comporta maquinalmente en su medio habitual. Deja la bolsa en la cocina, se quita una chaquetilla y la cuelga, se pasa la mano por las melenas que le cuelgan de los parietales.

—¿Ferrán? Dónde se habrá metido. Nunca está en casa. Un día me voy a cabrear y verá...

Pero el que ve es él. Y ve a Carvalho sentado en una butaca, relajado, observador, irónico.

—¿Usted? ¿Qué hace aquí? ¿Quién le ha abierto la puerta? ¿Ferrán?

—¿Quién es Ferrán?

—¿No ha sido Ferrán? ¿Quién le ha abierto la puerta entonces? ¿Usted? Esto es allanamiento de morada.

—Habla usted como un abogado. Ultimamente practico el vicio de la ganzúa.

—Márchese por donde ha venido.

—Ha de explicarme unas cuantas cosas, por ejemplo, por qué avisó a su compañero de trabajo de que yo merodeaba y le hizo marcharse a Madrid.

—Yo no le hice marcharse a Madrid. Le dije lo que pasaba y el decidió.

Carvalho se ha puesto en pie y se acerca al hombre, le pasa una mano por la cara y el otro la aparta disgustado. Pero Carvalho le vuelve a coger la cara y le acerca el rostro.

—Vas a largar todo lo que sabes sobre el asunto del aborto de Montse.

—No sé nada y suélteme. No se ponga chulo.

Carvalho le empuja y queda estrellado contra la pared, con el rostro aterrado y los ojos en busca de alguna ayuda posible.

—Por tu culpa han asesinado a este muchacho.

—Yo no sé nada. Sólo quería ayudarle. Si la policía se enteraba de lo del aborto él iba a ser el principal sospechoso.

—Podrías decirme algo sobre quién estaba interesado en liquidar primero a Montse y luego a su amante.

—No sé nada.

Se pone histérico y grita:

—¡Y no me tutee, coño! ¡Chulo de mierda!

Carvalho vuelve a acercarse a él amenazadoramente pero escucha resignado el ruido de la puerta al abrirse.

—¡Ferrán!

Grita desesperadamente el director teatral y se escabulle al tiempo que corre hacia la puerta donde se amontona la estatura de un gigantón que contrasta con la fragilidad del otro.

—¡Echa a este asqueroso de aquí! Me estaba maltratando.

Carvalho se recompone al tiempo que Ferrán avanza hacia él con expresión concentrada. Cuando apenas si les separa medio metro Carvalho sonríe.

—Caramba, Ferrán. Cuanto tiempo sin verte.

El gigantón se detiene, perplejo, piensa un instante si tiene algún sentido lo que acaba de decirle Carvalho, pero el detective no le da tiempo a pensar y le pega un rodillazo en las partes que le dobla. Resuella, respira profundamente encogido sobre sí mismo y recibe un patadón en la cara que le derriba. Carvalho pasa por encima de él, pero cuando ya está a punto de superarle, el gigantón le coge un pie y le tira al suelo. El revoltijo de los dos cuerpos es aprovechado por el director teatral para tratar de golpear histéricamente a Carvalho, lo que no siempre consigue. El detective ha sacado una pistola y aprieta el orificio del cañón contra la nuez de Ferrán que se queda inmóvil. La inmovilidad se contagia al director.

—¡Estoy harto! ¡Harto de todos! ¿Así me pagas todo lo que he hecho por ti?

La histeria del director es indescifrable para Carvalho pero pone una doble alerta en la expresión de Ferrán, pendiente de las palabras de su amigo y de la pistola de Carvalho. Recompone el detective su figura y se va hacia la puerta sin dar la espalda.

—Te hablo a ti. Cuidado con lo que haces. Ya hay dos muertos y el tercero puedes ser tú.

El director se estremece y mira con igual pánico a Carvalho y a su acompañante.

La hermana de Montse entra en la cocina office de su casa. Allí están unos niños dorados hechos con amor, tomando el desayuno hecho con amor por una criada que trajina en la cocina.

—Venga, rápido, que va a pasar el autobús del colegio.

La puerta batiente se abre para dejar paso a un apuesto otoñal de propaganda de after shave. Rompe el ensimismamiento con el que revisa unos papeles para dar besos maquinales a los niños, a su mujer y pedir:

—Un café corto y una tostada, Amparo.

Se sienta a la mesa y sigue la observación de los papeles que sólo interrumpe para regañar a los chicos que se han enzarzado en una pelea baladí. Terminan el desayuno los niños, suena un bocinazo lejano, salen corriendo con las carteras después de besar precipitadamente a sus padres. Luego termina el desayuno el hombre. Da un beso a su mujer y contesta sin detenerse la pregunta que se le hace.

—¿Te acuerdas de que cenamos con los Dotras?

—Vaya. Me había olvidado.

—Si quieres doy una excusa.

—Dala.

—¿Vendrás a cenar?

—No lo sé. Ya te llamaré.

Se queda un momento a solas la mujer. Un infinito cansancio se ha apoderado de ella. Termina el contenido de una taza. Luego va a su habitación. Se arregla y sale precipitadamente en busca del coche que les espera en el enorme garaje del chalet. El coche baja por una estrecha carretera privada y de pronto lo detiene en un margen, abre la guantera y saca de ella una peluca morena que se encasqueta y unas gafas de sol. De nuevo pone en marcha el coche y lo guía hasta adentrarse en la ciudad y dejarlo en un parking. Desciende y corre hacia un ascensor del parking que la deja en una de las plantas del edificio. Se quita las gafas de sol y su gesto de preocupación se diluye y es sustituido por una sonrisa franca, de entrega.

—Estás ya aquí.

Está ya allí. Ferrán. Sentado en un sofá, con un batín de seda. Se levanta y se deja besar y abrazar por la mujer anhelante, como si estuviera dispuesta a saciar una larga sed aplazada. Pero tras permitirle el primer desfogue, el hombre la distancia primero suavemente, empujándola con los dos brazos, luego la aleja del todo mediante un empujón.

—¿Qué te pasa?

—¿Qué me has traído?

La intranquilidad que ha aparecido en la cara femenina deja paso a una sonrisa de adivinanza y seguridad en sí misma. ¿Con que es eso? Eres un interesado. Le picotea el cuerpo con sus besos y corre a donde ha dejado el bolso del que saca un pequeño paquete. Ferrán lo abre con sus dedos gruesos y largos y aparece un reloj posmoderno, liviano y de plástico.

—¿A que es bonito? Es una monada. Me lo trajo mi marido del último viaje que hizo a Nueva York. Póntelo. Es una monada.

No es satisfacción lo que expresan las musculaturas amontonadas en el rostro de Ferrán. Lanza el reloj contra la pared y se sienta en la cama como si se desentendiera de la situación. La mujer mira el reloj descompuesto en un rincón de la estancia y al hombre que se contempla las uñas de la mano como si fuera la primera vez que las ve. Pero a santo de qué esta salvajada. Trata de razonar ella. Te lo he traído con toda la ilusión de este mundo. Sé que no es un reloj caro, pero te lo he regalado con todo mi corazón. ¿Qué querías, un Rolex? El enarca una ceja y apostilla.

—Por ejemplo.

Ella se indigna, grita, hace ademán de marcharse, pero vuelve a su lado en busca de explicaciones definitivas y cuando él empieza a desnudarla a manotazos y utiliza luego sus manos para apoderarse de sus zonas más tiernas, vuelve a comprender que Ferrán es como un niño grande y se deja tratar por sus manazas como si fuera barro en busca de otra forma definitiva.

El director camina pensativo por el parque Güell. Se cobija, más que se sienta, como si tuviera frío, en un banco recubierto de motivos cerámicos. Tiene escalofríos. Luego abandona su refugio y desciende al recinto de las columnatas que sostienen la plaza. Hay en él como un deseo de perderse en el bosque de columnatas asimétricas y el deseo se rompe cuando suena la voz de Carvalho y a continuación aparece el detective detrás de una columna.

—¿Paseando?

Retrocede el hombre con la alarma en la cara.

—No tenga miedo. No es de mí de quién debe tener miedo.

—Déjeme en paz.

—Está usted en peligro.

—¿Yo en peligro? ¿Por qué?

—Porque sabe demasiado.

El director mira en derredor, como si estuviera acorralado.

—Puedo ayudarle.

—¿A qué? Ayudarme a caer o a ahorcarme, eso es lo que usted puede hacer por mí.

—Puedo ayudarle a salvar el pellejo.

El director cierra los ojos, se convulsiona y se echa a llorar.

Si quiere le cuento una escena que está ocurriendo en el otro extremo de la ciudad. Una mujer joven y muy guapa, esposa de familia acomodada, hija de familia acomodada, está viviendo una cita clandestina con su amante, es una situación repetida y repetible, vieja como la historia de la infidelidad. Ella es infiel a su marido y no se lo tendremos en cuenta porque a usted y a mí nos consta que un marido es algo así como el más aburrido de los animales domésticos. ¿Me equivoco?

—No tengo marido.

—Me preocupa más la infidelidad de él. Digamos que es un

hombre de conducta sexual atípica. Maricón a casi todas las horas, menos de vez en cuando, como si tratara de demostrarse a sí mismo o a los demás que puede con todo. ¿Cómo se conocieron?

—¿Se refiere usted a él y ella?

—No. Me refiero a usted, y a su compañero, a Ferrán. En la impotencia de contestar, el director opta por echar a andar con la suficiente lentitud como para pensar y que Carvalho secunde sus pasos.

—Le conocí como se conoce a esa gente. La noche complica la soledad, ha escrito alguien y hay noches en que sales por ahí rojo de calentura y pálido de soledad. Brasa. Hielo. En una sola persona. El estaba en el Jazz Colón y llevaba una camelia de papel en el ojal de una chaqueta barata y arrugada. Tenía una mano abandonada, como si le colgase sobrante del cuerpo y se la cogí para recorrer con las yemas de mis dedos las ramificaciones azules de sus venas...

Qué paciencia hay que tener con estos artistas, piensa Carvalho, mientras el director escénico sigue evocando la noche más larga y hermosa de su vida. Un ciudadano normal me lo habría resumido en veinte palabras y éste, éste necesita un monólogo de García Lorca o de alquien por el estilo. Pero Carvalho estaba en el buen camino. El director estaba profundamente agradecido de que le dejara interpretar su monólogo de malquerido.

La hermana de Montse Gispert se despierta de pronto y se incorpora en la cama. Queda desnuda de cintura para arriba, mira alarmada el reloj que reposa sobre la mesilla de noche y salta del lecho.

—¡Son las seis!

Ferrán se revuelve entre las sábanas y abre los ojos.

—¡Los chicos ya habrán llegado del colegio!

Ferrán parpadea y cuando abre los ojos ve a la mujer metiéndose el vestido por la cabeza y poniéndose a continuación la peluca y las gafas de sol. Se inclina sobre la cama, besa los labios del hombre y luego el pecho poderoso.

—Te llamaré. Ten cuidado.

—Lo tendré. Pero tú no recomiendes prudencia a los demás que buena falta te hace.

Le besa ahora ella con suavidad los labios, pero él le aprieta un seno con una mano mientras le muerde el labio inferior.

—Déjame marchar. Llego tarde.

—Dime primero que te lo has pasado bien.

—Me lo he pasado muy bien.

—Di que soy el mejor follador que te la ha metido.

—No seas crío.

—Dilo.

—Eres el mejor follador que me la ha metido.

—Eres un macho que se los pisa. Dímelo. Dime: Eres un macho que se los pisa.

—Eres un macho que se los pisa.

Hay satisfacción en Ferrán cuando libera el seno y se recuesta en la cama con las dos manos en la nuca, contemplando ahora el techo como si estuviera a la espera del comienzo de emisión de un televisor cenital. A la mujer le duele el pecho que acaba de recuperar y no sabe si llorar o volver a desnudarse para continuar haciendo el amor. La indiferencia de él le devuelve la sensación de urgencia. Se pone la peluca y las gafas de sol para recuperar el coche. Repetidamente se comprueba en el espejo retrovisor y da un aprobado a su conseguido anonimato. Claro que alguien podría reconocer el coche, pero pretextaría que se lo ha dejado a una amiga, a Cuca Freixat, por ejemplo, ya sabes, Cuca Freixat. Cuca Freixat no existe ¿o sí existe? ¿Cómo se llama ella realmente cuando está en la cama con Ferrán? En realidad soy tres personas, se dice y se ve como una hidra de tres cabezas. La madre de familia, la pelucas que va al encuentro con su amante y la mujer sin voluntad que se mete en la cama con un chulo de mala muerte. Chulo de mala muerte. ¡Chulo de mala muerte! Grita en la soledad del coche cuando en el cerebro reaparecen escenas de recientes humillaciones. Pero al quitarse las gafas de sol y la peluca se le borran los pensamientos discordantes y recupera las maneras de primera dama de su comedia familiar. Es el aspecto que conserva minutos después cuando besuquea a los niños que han llegado del colegio y pregunta a una criada si ha llamado el señor.

—Sí. Ha llamado y ha dicho que no vendrá a cenar.

Se une a sus hijos en el acto de contemplar un programa infantil de televisión. Suena el teléfono. Coge el aparato maquinalmente, sin retirar los ojos de la tele, pero los retira y se concentra hasta el punto de coger el teléfono con las dos manos cuando reconoce a su interlocutor.

—¿Usted? Ya le dije todo lo que tenía que decirle. No puedo. Ahora no puedo. ¿Esta noche? ¿No puede ser en algún sitio más céntrico? A las nueve. De acuerdo.

Cuelga el teléfono. Cálculo y alarma en su expresión. Se decide finalmente y hace una llamada telefónica. Reconoce al otro extremo de su ansiedad, la voz del compañero de apartamento de Ferrán y cuelga. Ferrán no debe haber llegado y la hora de la cita con Carvalho se acerca. Por fin toma la decisión de pasar por encima de repetidas prudencias y vuelve a marcar el número de Ferrán. De nuevo la voz del otro, pero esta vez nada la contiene y le pide que comunique a Ferrán que las cosas se han complicado y que acuda a la cita que le da. Obliga al otro a repetirle punto por punto lo que le ha dicho y vuelan sus manos y sus piernas en busca de todo lo que necesita para acudir a un encuentro que teme. Acentúa el rimmel, la pintura suave sobre los labios, escoge un jersey más ceñido, un chaquetón corto y blando que le ayude a enseñar el cuerpo y se pone de nuevo al volante de su coche, con la meditación pendiente que le devuelve el espejo. ¿Quién soy ahora? ¿Cuál de las tres? Es una pregunta que le acompaña de antiguo, a pesar de que desde niña todos le supusieron un papel predestinado de chica casi perfecta, guapa, inteligente, responsable, en contraste con la inutilidad de su hermana.

—Montse, fíjate en tu hermana. ¿Qué te costaría parecerte a ella?

Y asumía aquel estatuto de preferencia como algo natural, sin remordimientos ante las depresiones de Montse que la contemplaba como una diosa tiránica y entrañable. Sólo tuvo remordimientos cuando identificó el cadáver acompañando a su padre. Remordimiento o miedo. La luna parece esperarle en la cima de Montjuïc, detenida justamente sobre los paralepípedos irreales aunque exactos del museo que contempla la ciudad como si la tuviera dentro del catálogo de su colección. Algo de fantasmagórico tiene el decorado ante el que se pasea, parsimonioso pero resuelto, un hombre solo.

La Fundación Miró conserva una extraña luminosidad lunar. Como si su arquitectura blanca se recargara con la luminosidad de la Luna. El coche de la mujer se detiene y aparca. Carvalho la espera al final de la rampa de acceso a la Fundación. La mujer cierra la portezuela del coche y se le acerca ya con la pregunta en los labios.

—¿Siempre cita a la gente en descampados?

—¿Descampados? La he citado en el marco espléndido para el final de una farsa o de una tragedia, como usted prefiera. Pero caminemos. Hace una noche de final de película.

—Tengo frío.

—Caminando se le pasará.

En silencio caminan hacia los jardines cercanos. La mujer capta la intención de Carvalho de apartarla de la carretera y mira furtivamente en todas las direcciones.

—Ahora que estamos solos podría contarme toda la verdad.

—¿Qué verdad?

—La verdad sobre su hermana. Su hermana nunca estuvo en estado. Fue usted la que fue a Londres a abortar y fue ella la que le acompañó.

—Si lo sabe todo ¿para qué he de hablar?

—Usted es una dama bien instalada, casada, con hijos, respetable y de pronto, zas, se queda en estado en circunstancias

sospechosas.
—Estoy casada y es normal que quede en estado.
—Normalísimo, pero no de su marido con el que no tiene relaciones íntimas desde hace años. Entonces recurre a la hermana descarriada y le pide que la ayude, que sea ella la que asuma el problema. Al fin y al cabo ya está perdida, desahuciada por la familia.
—Es más complejo.
—Sin duda.
—Ella en parte era responsable de lo que me había ocurrido.
Y en la boca de la mujer empieza el relato de su falsa huida. De su sensación de mujer semiabandonada que se adoma al mundo de su hermana. Que sale de noche para ver cómo actúa. Que se emborracha. Que participa en una juerga colectiva con los amigos de su hermana y amanece un día en brazos de un cómico en un piso desconocido o en brazos de Ferrán, mientras el director estalla en un ataque de celos y Montse ríe, ríe porque cree que su hermana puede ser feliz lejos del envaramiento de su vida habitual. Y cuando ella le comunica.
—Estoy en estado.
—¿Quieres tenerlo?
—No.
—¿Qué quieres hacer?
—¿A ti qué te parece? Pero cómo encuentro un pretexto para salir de España, para tramitar el aborto fuera. Enrique me vigila. Disfrutaría encontrando un motivo legal para la separación. Montse, escucha, he pensado que tú...
Montse se sorprende, pero comprende y ríe.
—Yo. Bien. ¿Y el padre?
—Cualquiera... cualquiera...
La hermana le ha cogido la cara con las dos manos. Los ojos de Montse sonríen y buscan entre los que les rodean ajenos a la conversación entre las dos hermanas. Finalmente se detiene en el muchacho posteriormente asesinado en Madrid.
—Me gusta aquél.
La hermana mira al hombre.
—Es guapo.
—Queda nombrado padre de mi hijo.
Las dos hermanas ríen.
De nuevo el parque, la oscuridad, el relato directo de la

mujer.

—Pero la tormenta fue superior a las fuerzas de Montse. Cuando se vio rechazada por mis padres se puso pesada, insufrible, no pasaba día que no me molestara con sus lamentaciones.

Ella se ha detenido y le está mirando con expresión anhelante. No por mucho rato. Suena una voz a sus espaldas.

Fui yo.

Ferrán sale de la oscuridad y se planta ante Carvalho, dispuesto a no dejarse sorprender, al menos eso indica la pistola que sostiene en una mano.

—¿Fríamente?

—Acaloradamente. Una discusión. Un gesto tonto. Ya sabe.

—¿Y el asesinato del chico?

Usted le puso nervioso y la policía se le echó encima. ¿También usted?

—También.

—Y donde caben dos, caben tres.

—Exactamente.

—O cuatro o cinco.

La serenidad de Carvalho deja de sorprender a Ferrán y la mujer cuando de detrás de los setos emergen Anfrüns y el director. La mujer y Ferrán se miran desconcertados. Ferrán la coge por una mano y tira de ella.

—Vámonos.

—¡Yo no!

—Imbécil. Te acusarán de complicidad.

—Yo no sé nada. Todo lo hiciste tú.

Ferrán los mira acorralado y retrocede sin dejar de apuntarles. Carvalho retiene al director, vencido por la emoción, dispuesto a tender una mano a su antiguo amigo. Ferrán echa a correr y Carvalho sale en su persecución. Ferrán se vuelve y dispara. Carvalho se lleva una mano al pecho y cae al suelo. Hasta que pierde el conocimiento soporta la estúpida mirada alelada de la Luna.

Carvalho abre los ojos. Está en una clínica, con el hombro vendado y Charo sentada a su lado escuchando el programa de Encarna Sánchez en un transistor.

—Por fin, Pepe. Corazón mío.

Charo le besa. Carvalho se hace cargo de la situación. Biscuter permanece sentado al fondo de la habitación y se levanta embarazado.

—Jefe. Está usted como un toro. ¿Tiene hambre?

—Tranquilo, Biscuter, tranquilo.

Carvalho cierra los ojos. Dormita. Duerme finalmente.

De nuevo se despierta horas o días después. Se pasa la lengua por la boca. Charo se inclina hacia él. Biscuter sigue al fondo de la habitación.

—¿Qué hay para comer?

—¿Eso es lo primero que preguntas?

—¿Quiere que le prepare algo, jefe?

Es otro Carvalho decidido, con gestos desenvueltos el que se sienta en la cama y observa con atención la apertura de la puerta y la entrada de Anfrüs, hierático, trascendente.

—Con permiso. Celebro verle tan recuperado.

—¿Todo está en su sitio?

Están detenidos. Pero la policía no deja de molestarme. Piensa que esto de la sexología sexual es una aberración.

—Yo también lo creo. El sexo es una cosa rigurosamente individual. Las masas no joden.

—¿Su mujer?

Señala a Charo.

Mi amante.

—¿Está casada?

—Es usted un moralista.

—Las estadísticas dicen que tres de cada cuatro mujeres amancebadas tienen otra vida matrimonial estable paralela.

—Esta señora se dedica a la prostitución de lujo.

Anfrüns estudia a Charo, luego repara en Biscuter.

—¿Un pariente?
—No. Mi mayordomo. ¿No lo recuerda?
Anfrüns contempla a Biscuter sin creérselo.
—También es mi cocinero y el Dr. Watson.
Anfrüns deja sobre la mesilla un montón de papeles.
—He realizado un estudio sobre la conducta sexual de la burguesía. El caso de Montse me ha enseñado mucho.
—¿A qué conclusiones ha llegado?
—La burguesía es egoísta.
—Montse no lo era.
—Estaba desclasada.
Afirma Anfrüns triunfante. Saluda a Charo con una inclinación de cabeza y a Biscuter.
—Jordi Anfrüns, para servirles, sexólogo social o sociólogo sexual.
Anfrüns abandona la habitación. En sus ojos se lleva una imagen viva. La de Montse Gispert en el podium o en el columpio, diciendo ¡Me muevo! ¡Me muevo! ¡Me muevo! y se ve a sí mismo diciéndole: Bebe, bebe agua. Purifícate por dentro mientras sigues siendo impura por fuera. Y aquella sonrisa franca, ingenua, de la gogó girl. Y estas lágrimas retenidas en los ojos de Anfrüns.